먼 옛날, 지구에 사람이 살기 시작했어.
사람은 치타처럼 빠르게 달릴 수 없었고,
코뿔소만큼 단단한 가죽이 있는 것도 아니었지.
춥고 더운 자연환경과 사나운 동물들 사이에서
사람들은 어떻게 살아남았을까?

나의 첫 세계사 1

깨어난 세계
고대 문명

박혜정 글 | 이종균 그림

아주 쉬운 퀴즈를 하나 내 볼게.

우리나라의 이름이 뭐게? 맞아, 대한민국이야.

그럼 여러 나라가 모여 있는 커다란 땅덩어리를 뭐라고 하는지 알아?

답은 '대륙'이야. 우리가 살고 있는 지구에는 일곱 개의 대륙이 있어.

유럽, 아프리카, 아시아, 오세아니아, 북아메리카, 남아메리카 그리고 남극!

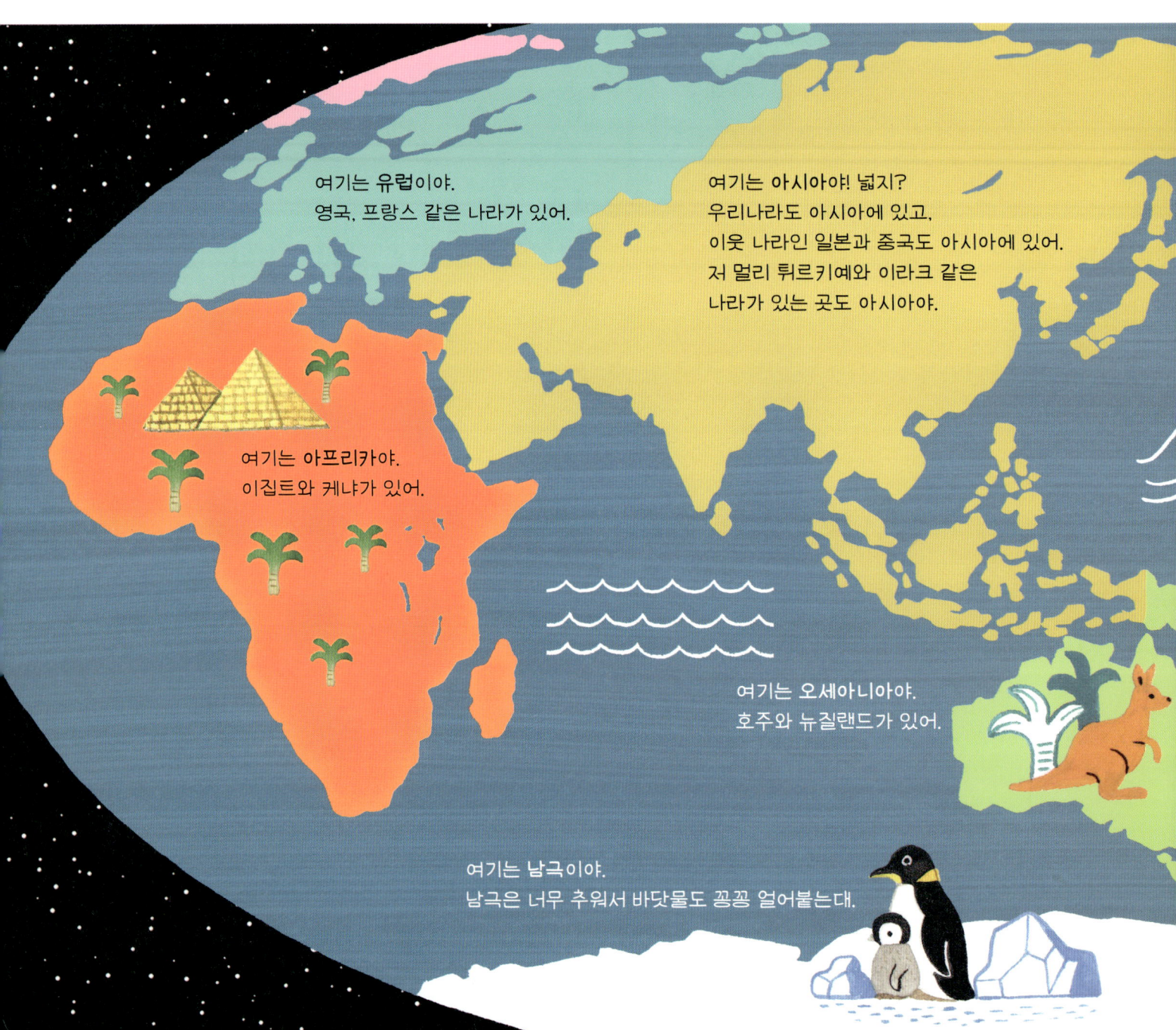

일곱 개의 대륙에 무려 이백여섯 개의 나라들이 있어.
대한민국 같은 나라가 이 지구에 이백여섯 개나 있다는 말이지!
저마다 다른 역사와 문화를 가진 이백여섯 개의 나라들이
어울리며 지내는 곳이 우리가 사는 지구야.

여기는 **북아메리카야**.
미국과 캐나다가 있지.

여기는 **남아메리카야**.
브라질과 페루가 있어.

일곱 개의 대륙 중에서 우리가 제일 먼저 가 볼 곳은 아프리카 대륙이야.
지구에 등장한 최초의 사람들이 처음 살기 시작한 곳이거든.
아주 아주 아주 아주 아주 엄청나게,
이루 말할 수 없을 정도로 어마어마하고 어마어마하게 멀고 먼 옛날,
맨 처음의 사람들이 살았던 곳, **아프리카**.

아프리카에서 살기 시작한 사람들의 후손과 그 후손의 후손들이
또 아주아주 길고 긴 세월에 걸쳐
위로는 유럽, 옆으로는 아시아, 저 멀리 오세아니아와 아메리카까지 옮겨 갔어.
그렇게 해서 아프리카 말고도 여러 대륙에서 사람들이 살아가게 되었지.
추운 곳에서는 추위와 친해져야 해. 더운 곳에서는 더위와 친해져야 해.
사람들은 자연과 어울려 사는 법을 배우고 자기들의 문화를 만들어 갔어.

최초의 사람들에게 자동차가 있었을까? 아니.
그럼 핸드폰이 있었을까? 아니, 아니!
튼튼한 건물을 지을 수는 있었을까? 그럴 리가!
최초의 사람들이 가지고 있던 것은 두 발로 걸을 수 있는 다리,
도구나 무기를 잡을 수 있는 손, 동물들보다 좋은 머리야!
그리고 또 하나, 어둠을 밝혀 주는 불이 있었어.
사람들은 불을 사용해 사나운 동물을 쫓고, 음식을 먹기 좋게 익히고,
추위로부터 몸을 따뜻하게 보호할 수 있었지.

그리고 삶의 터전인 자연이 있었어.

바다와 강, 숲과 나무, 풀과 열매, 비, 바람, 햇살…….

코끼리와 들소, 곰과 표범, 늑대와 원숭이 같은 동물들도 있었지.

사람들은 단단한 돌을 깨트려 손에 꼭 맞게 쥐고

여럿이 힘을 합쳐 동물들을 사냥해야 했어.

하지만 동물들은 너무 재빠르고 사나웠지.

사냥에 성공해서 고기를 먹을 때보다 풀과 열매를 먹어야 할 때가 더 많았어.

이 시대를 **구석기 시대**라고 불러.

사냥을 하며 동굴에 살고 '석기'라고 부르는 돌을 사용하던 시대.

그렇게 길고 긴 시간이 지났어.

어떤 사람들은 열매를 다 먹고 남은 씨앗을 땅에 던져두면

그곳에서 싹이 자라고, 다 자란 나무에서 같은 열매가 열린다는 걸 알아냈어.

차츰차츰 사람들은 더 배워 나갔지.

밀의 씨앗을 심으면 밀이 자라!

보리의 씨앗을 심으면 보리가 자라!

볍씨를 심으면 벼가 자라! 벼에서는 쌀이 나와!

봄이 오면 씨를 심어야 해, 영차영차!

싹이 났다, 여엉차! 물을 주자, 영차영차!

사람들은 필요한 식량을 땅에서 얻기 위해 농사를 짓기 시작했어.
봄에는 씨앗을 뿌리고 가을이 되면 수확을 했지.
거두어들인 곡식을 잘 저장해 두고, 다음 추수 때까지 아끼며 먹었어.
농사짓는 땅 옆에 집을 짓고, 닭이나 돼지, 소나 개를 키웠지.
사람들은 이 시대를 **신석기 시대**라고 불러.
조금 더 정교하게 만든 석기로 농사를 지으며 한곳에 머무르게 된 시대.

농사를 지을 때 꼭 필요한 것들이 있어.
씨앗, 씨앗을 심을 땅, 농사짓는 사람들의 땀과 정성,
그리고 씨앗을 틔우고 자라게 하는 햇빛과 물.
햇빛은 어디에나 있지만, 물은 어디에나 있지는 않아.
그래서 농사를 짓는 사람들은 충분한 물을 구하기 위해
큰 강 주변에 모여 살게 되었지.

큰 강 주변에 커다란 마을이 생겨나면서 점점 더 많은 사람이 모여들었어.

이제 모두들 농사만 짓지 않았지.

누군가는 물건을 사고파는 상인이 되고,

누군가는 소중한 집과 마을을 지키는 병사가 되고,

누군가는 단단한 무기나 농기구를 만드는 기술자가 되었어.

이 모든 사람들을 다스릴 지도자도 나타났어.

지도자를 옆에서 돕는 관리들도 생겨났지.

나라를 다스리려면 사람들에게 세금을 걷어야 해.

"저 농민에게 세금을 받았는가? 얼마를 받았는가?"
"저 병사에게 월급을 주었는가? 얼마를 주었는가?"

이런 것들을 알아 두고 기억하려면 필요한 게 있어.
바로, 숫자와 글자야!
숫자나 글자가 없다면 저 많은 것들을 기억할 수 없지.

다른 동물은 문자를 쓰거나 읽는 걸 하지 못해.
오직 사람만이 할 수 있어.
많은 사람이 모여 살게 되면 지켜야 할 규칙도 필요해.
법을 만들고 지키는 것 역시 사람만이 할 수 있지.
문자를 개발해서 사용하고 법을 만들어 나라를 다스리는,
사람만이 해낼 수 있는 이런 일을 우리는 **문명**이라고 불러.

문명은 주로 큰 강 주변에서 시작되었어.
그중 가장 오래되고 유명한 곳이 아시아의 서쪽에 있는
티그리스강과 유프라테스강 근처의 땅이야.
그 땅을 **메소포타미아**라고 불러.
메소포타미아는 그리스 말인데, '두 강 사이에 있는 땅'이라는 뜻이래.
기억할 수 있겠니? 메소포타미아!

티그리스강과 유프라테스강은
튀르키예, 시리아, 이라크 지역을 길게 가로지르며 흘러.
두 강은 따로 흐르다가 바다에 닿기 전에 만나서 함께 바다로 가.
두 강 사이에는 농사짓기에 적절한 너른 평야가 있어.
이곳에 처음 살기 시작한 수메르 사람들이 곳곳에 도시들을 만들었지.
우루크, 우르, 라가시, 키시…….
메소포타미아에서 수메르인이 만든 도시들이야.

티그리스강

유프라테스강

복작복작, 메소포타미아 사람들은
일찍부터 글자를 만들어 사용했어.
종이가 없어서 진흙으로 만든 점토판을 파내면서 글씨를 썼지.
복작복작, 메소포타미아 사람들은
물건을 쉽게 옮기기 위해 바퀴를 처음으로 사용했어.
동그란 바퀴 두 개를 축으로 연결해 만든 수레를 이용해서
물건과 사람을 실어 나르고, 전쟁용 전차를 만들기도 했지.

복작복작, 메소포타미아 도시들 사이에 전쟁이 벌어지기도 했어.
사람들은 전쟁에서 이기게 해 달라고,
좀 더 풍요로운 삶을 살게 해 달라고 신께 빌었지.
메소포타미아 사람들이 신에게 기도하기 위해
만들었던 신전은 지금까지도 잘 보존되고 있어.
그 신전의 이름은 '지구라트'야.

메소포타미아에 있었던 여러 나라 중에 바빌로니아가 유명해.
바빌로니아를 대표하는 왕은 함무라비 왕이야.
함무라비 왕은 주변의 작은 도시들을 정복하면서
바빌로니아를 메소포타미아에서 가장 강력한 나라로 만들었어.
넓어진 나라를 다스리기 위해 엄격한 법도 만드는데,
그게 함무라비 법전이야. 함무라비 왕이 만든 **함무라비 법전!**

다른 사람의 몸을 해치지 마라, 다른 사람의 재산도 귀하게 여겨라,
귀족과 평민과 노예를 구분하라,
의사는 사람의 목숨을 지키고 건축가는 집을 튼튼하게 지어라.
그렇지 않으면 그 사람은 왕과 국가에게 큰 벌을 받을 것이다.
함무라비 법전은 세상에서 가장 오래된 법 중의 하나야.
돌기둥에 새겨진 법전은 현재까지도 잘 남아 있어.

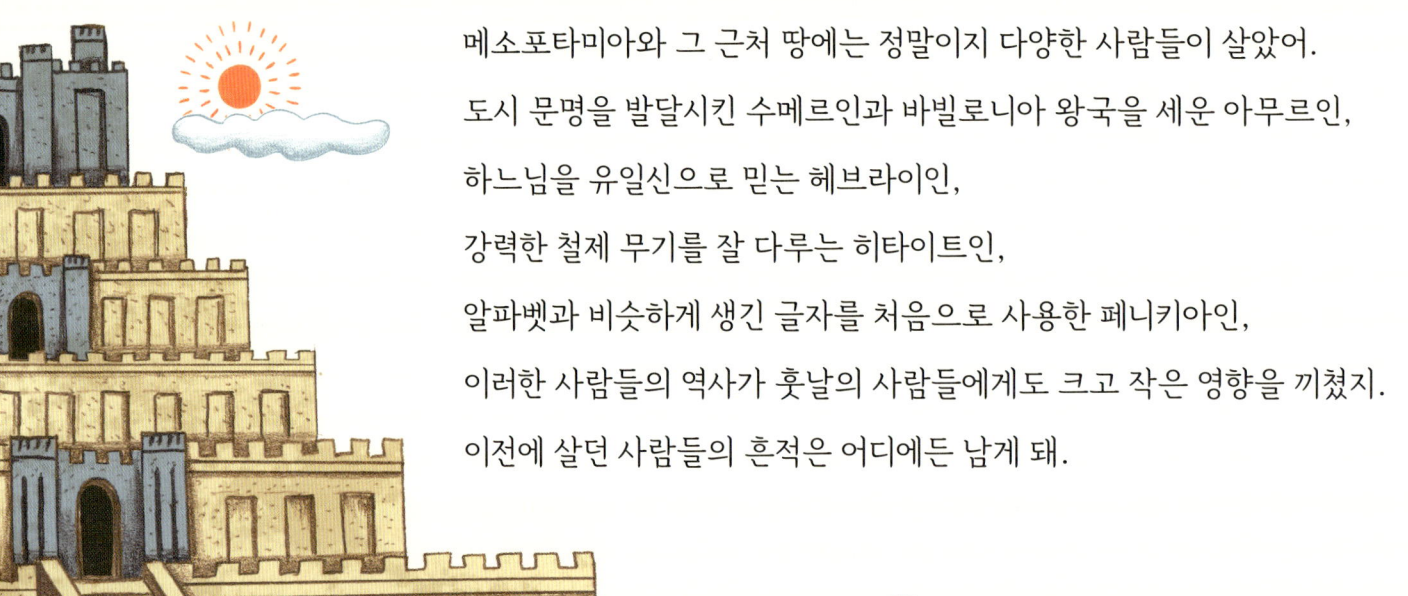

메소포타미아와 그 근처 땅에는 정말이지 다양한 사람들이 살았어.
도시 문명을 발달시킨 수메르인과 바빌로니아 왕국을 세운 아무르인,
하느님을 유일신으로 믿는 헤브라이인,
강력한 철제 무기를 잘 다루는 히타이트인,
알파벳과 비슷하게 생긴 글자를 처음으로 사용한 페니키아인,
이러한 사람들의 역사가 훗날의 사람들에게도 크고 작은 영향을 끼쳤지.
이전에 살던 사람들의 흔적은 어디에든 남게 돼.

나일강

빅토리아 호수

메소포타미아의 도시들만큼 오랜 문명을 자랑하는 곳이 있어.
아프리카 대륙에 있는 **이집트**야!
아시아와 만나는 곳에 있어서 메소포타미아와도 그리 멀지 않아.
아프리카 대륙 중간쯤에는 탄자니아, 케냐, 우간다 같은 나라가 있고,
이 나라들이 서로 맞닿아 있는 곳에 아프리카에서 가장 큰 호수가 있어.
바로 빅토리아 호수야.

이집트에 흐르는 나일강은 빅토리아 호수에서 시작해.
이곳의 물줄기가 다른 물줄기들과 만나서
계곡을 지나고, 폭포도 지나고, 사막을 지나서 바다에 닿지.
나일강은 세계에서 제일 긴 강이기도 해.

아프리카에는 사막이 아주 많아.

비가 거의 내리지 않아서 식물이 살기 어려운 지역을 사막이라고 해.

나일강은 사막이 대부분인 아프리카를 길고 길게 흐르면서 식물을 자라게 하지.

그냥 흐르기만 하는 것이 아니야.

비가 내리는 우기에는 강물이 주변 땅으로 넘치고,

비가 오지 않는 건기에는 강물의 양이 줄어들어.

우기에 강물에 잠겼다가 건기에 드러나는 땅은

적당히 축축하고 기름져서 농사짓기에 참 좋대.

그래서 사람들이 나일강 주변에 일찍부터 모여 살았지.

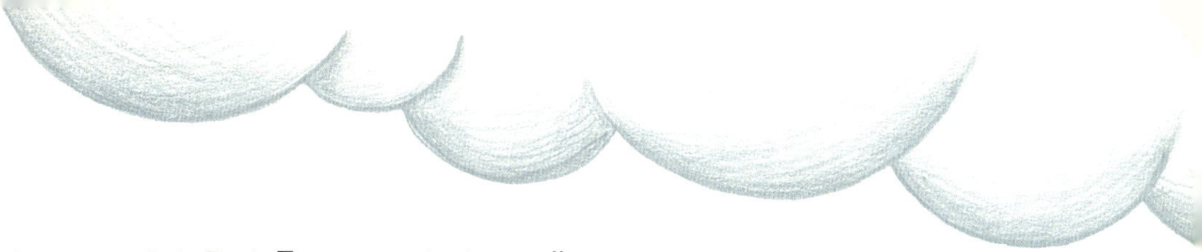

"건기가 시작되어 나일강 물이 줄어드는 건 언제야?"
"우기가 시작되어 나일강 물이 넘치는 건 언제쯤이지?"

나일강이 줄어들 때 농사를 시작하고, 강물이 넘치기 전에 수확해야 해.
1년에 한 번씩 반복되는 우기와 건기를 살피며
이집트 사람들은 1년을 365일로 정하는 달력을 만들었지.

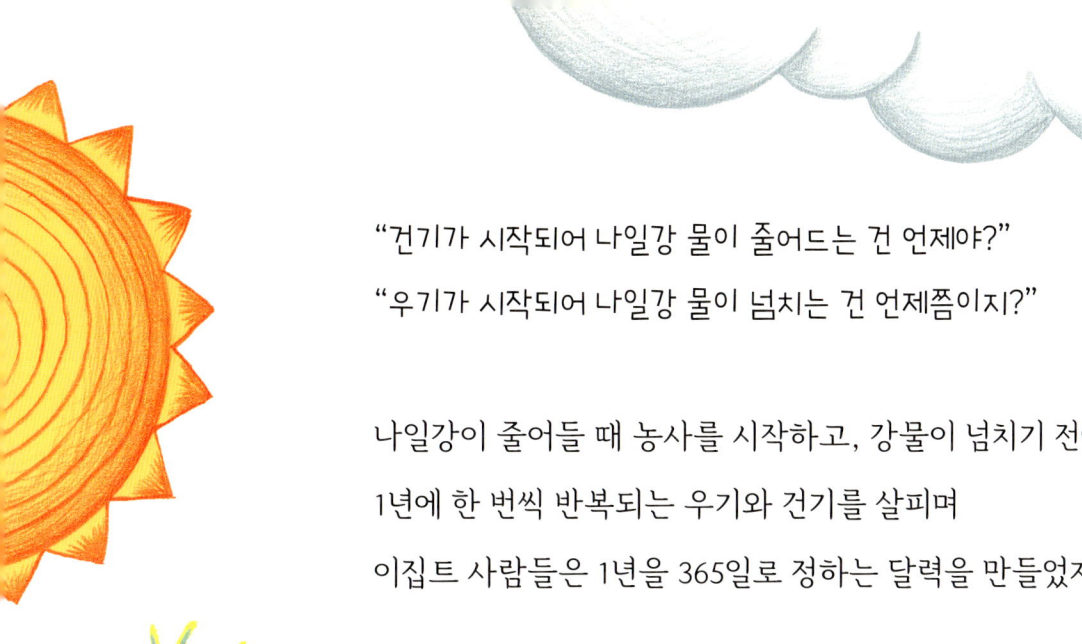

이집트 사람들은 농사를 지을 수 있는 땅,
식물이 자라는 것을 돕는 햇빛, 건기와 우기가 반복되는 계절,
때마다 넘치고 줄어드는 나일강 물을 신비롭게 여기고 감사하는 마음을 가졌어.
그 모든 것에 이집트 사람들을 도우려는 신이 깃들어 있다고 생각했지.
그래서 이집트에는 신이 많아.
그중에 가장 힘이 센 것은 태양신이야.
이집트 사람들은 자신들의 왕이 태양신의 아들이라고 믿었대.
태양신의 아들이자, 사람들을 다스리는 이집트의 왕이 **파라오**야.

사람이 살다가 죽으면 어떻게 될지 생각해 본 적 있니?

이집트 사람들은 사람이 죽으면 또 다른 세상에 가게 된다고 믿었어.

파라오는 죽은 후의 세상에서도 강력한 힘을 자랑하기 위해

어마어마하게 큰 무덤을 만들었어. 그 무덤이 바로, 피라미드야!

피라미드는 어찌나 큰지, 뾰족한 큰 산처럼 보여.

사람이 그 앞에 서면 어찌나 작아 보이는지, 조그마한 개미처럼 보여.

피라미드 앞에는 그곳을 지키는 스핑크스가 있는데, 머리는 사람이고 몸은 사자야.

"안녕, 스핑크스야?" 하고 인사하면 스핑크스가 윙크해 줄지도 몰라.

피라미드 안에는 죽은 왕과 왕비가 생활하는 방이 있어.
그곳에 왕과 왕비의 미라가 있지.
이집트 사람들은 죽음 이후의 새로운 세계에 가기 위해서는
사람의 몸이 잘 남아 있어야 한다고 생각했어.
죽은 몸에 약물을 바르고 꼼꼼하게 붕대로 감은 뒤
오랫동안 보존할 수 있게 관에 넣어 두었지.

피라미드 안쪽의 벽에는 다양한 그림이 그려져 있어.

이집트 사람들이 그린 그림에는 독특한 규칙이 있어서

누가 보더라도 이집트 그림인지 알아볼 수 있지.

얼굴은 옆에서 본 모습, 몸통은 앞에서 본 모습,

다리는 살짝 걸어가는 모습, 발가락도 양쪽 다 엄지발가락이 보여.

이집트 사람들은 이집트의 신들도 즐겨 그렸어.

이집트 신들은 참 신기하게 생겼네!

하늘의 신인 호루스는 매의 머리 모양, 죽음의 신인 아누비스는 자칼의 머리 모양이야.

이집트 사람들이 그린 그림은 피라미드 벽 말고도

파피루스라는 종이에도 남아 있어 지금도 감상할 수 있지.

이집트는 오랜 역사를 자랑하는 나라야.

이집트를 다스린 파라오도 엄청 많았지.

황금 가면을 남긴 투탕카멘도 있고, 유능한 여성 파라오였던 하트셉수트도 있어.

그리고 람세스 2세도 있지. 람세스 2세는 이집트를 풍요롭게 다스렸고,

강력한 군대를 이끌며 이웃 나라들과 전쟁을 벌이기도 했어.

그 무렵 메소포타미아에서 세력을 떨치던 히타이트인들과 거세게 싸움을 벌였지.

람세스 2세는 전쟁에서 승리한 것을 기념하는 탑과
자신의 힘을 자랑하기 위한 신전을 이집트 곳곳에 만들어 놓았어.
아부심벨 신전에 가면 아파트 10층 정도의 높이로 만들어진
람세스 2세의 조각상을 볼 수 있지.
람세스 2세는 신전으로, 조각상으로, 오벨리스크라는 뾰족한 기념탑으로
자신의 이름과 흔적을 곳곳에 남겨 두었어.

이집트의 나일강이 흘러드는 바다의 이름은 지중해야.

이집트에서 배를 타고 지중해를 건너면 유럽 대륙의 그리스에 갈 수 있어.

지중해는 아프리카 사람과 아시아 사람, 그리고 유럽 사람이 만날 수 있는 바다지.

이집트 사람들이 나일강 유역에서 자신들의 역사를 써 나가고 있을 때
유럽의 그리스 지역에서도 여러 도시 국가들이 자신만의 역사를 만들고 있었어.
그리고 이 모든 역사를 마무리 짓는 한 사람이 나타났지.
그리스 북쪽의 마케도니아 왕국에서 태어난 **알렉산드로스** 대왕이야.
알렉산드로스 대왕은 그리스를 정복하고,
메소포타미아의 페르시아도 정복하고, 이집트 왕국도 정복했어.

이집트를 정복한 알렉산드로스 대왕은 이집트에
자신의 이름을 딴 도시, '알렉산드리아'를 만들었어.
이 무렵 알렉산드리아에는 커다란 도서관이 지어졌고,
아프리카, 아시아, 유럽의 책을 읽고 싶은 사람들이
이곳으로 모여들었지.

그때 만들어진 도서관은 긴 역사를 견디지 못하고 사라졌지만
2002년, 그곳에 새로운 알렉산드리아 도서관이 지어졌어.
새로운 도서관 벽에는 120여 개의 다양한 문자들이 새겨져 있는데,
우리나라 글자인 한글도 새겨져 있지.
멀고 먼 아프리카 이집트 도서관에 한글이 새겨져 있다니, 멋진걸!
멀고 멀어도 지구에 사는 모든 사람은 길고 긴 역사로 다양하게 연결되어 있어.

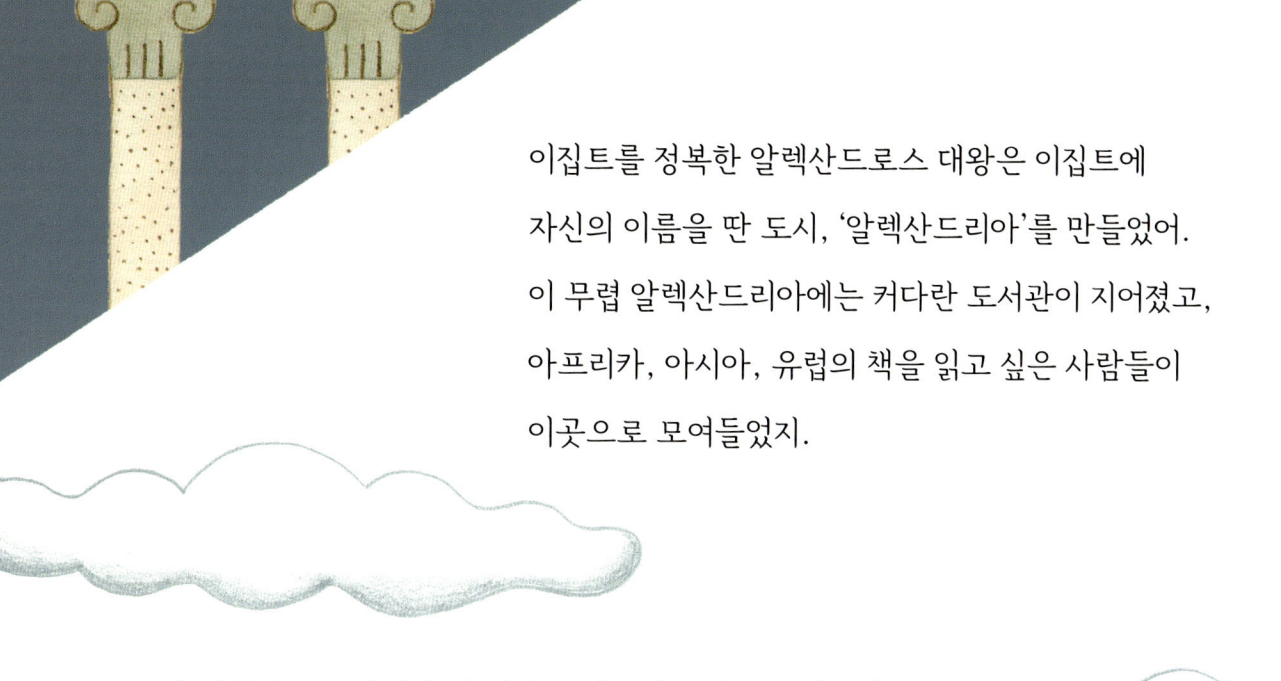

나의 첫 역사 여행

메소포타미아 문명의 흔적을 찾아서

길가메시 서사시

메소포타미아 지역에서 처음으로 도시를 만들고
문명을 발달시킨 것은 수메르인들이야.
수메르인은 세계에서 가장 먼저 문자를 사용한 사람들이기도 해.
납작하고 네모난 점토판을 만들어서 그 위에 쐐기 모양의 글자를 썼어.
그들이 남긴 이야기 중에 가장 오래되고 유명한 것이 '길가메시 서사시'야.
길가메시는 메소포타미아의 도시 국가 중 하나인 우루크의 왕이었어.
적과 싸우던 중에 친한 친구가 죽자, 길가메시는 죽음에 대한 공포를 느꼈지.
영원한 생명을 찾아 나선 길가메시는 과연 원하던 답을 찾을 수 있었을까?
길가메시 서사시에 그 답이 담겨 있어.

점토판에 기록된 길가메시 서사시의 일부

프랑스 루브르 박물관에 소장된 길가메시 부조

지구라트

이라크 바그다드 남동쪽에 위치한 우르의 지구라트

메소포타미아 지역의 사람들은 하늘에 있는 신과
땅에 사는 인간을 연결하기 위해 도시의 가장 높은 곳에
높다랗고 반듯한 건축물을 지었어. 그게 바로 '지구라트'야.
진흙으로 벽돌을 만들고, 그 벽돌을 차곡차곡 쌓아서 완성했지.
메소포타미아 사람들은 지구라트 꼭대기에 있는 신전에
신이 살고 있다고 생각해서 왕처럼 특별한 사람들만 드나들도록 했어.
현재까지 남아 있는 지구라트는 30여 개가 있는데,
그중에서 가장 잘 보존되어 있는 것이 우르의 지구라트야.

함무라비 법전

메소포타미아의 도시 중 하나인 바빌론을 중심으로 들어선
바빌로니아 왕국은 함무라비 왕이 다스리던 때에 전성기를 맞아.
이때 만들어진 '함무라비 법전'에는 총 282개의 조항이 있어.
그중에 다른 사람에게 피해를 입힌 만큼 되돌려 준다는 조항이 있어서
"눈에는 눈, 이에는 이"라는 말이 널리 알려졌지.
하지만 이런 조항이 모두 공평하게 적용된 것은 아니야.
귀족이 평민의 눈을 멀게 하면 벌금만 내도 되었지만,
평민이 귀족의 눈을 멀게 하면 가혹한 벌을 받았거든.

돌기둥에 새겨진 함무라비 법전

나의 첫 역사 클릭!

죽음 이후의 영원한 삶을 꿈꾸다

사람은 언젠가는 죽어. 사람이 죽은 뒤에는 어떻게 될까?
누군가는 천국이나 지옥에 갈 거라 생각하고,
또 어떤 사람들은 죽고 사는 일이 계속 반복될 거라 생각하기도 해.
고대 이집트 사람들도 죽음을 끝이라고 여기지 않았어.
죽음 이후에 고통 없는 영원한 삶이 새롭게 시작된다고 생각했대.
따라서 죽은 몸을 온전히 보존하는 게 무엇보다 중요했지.
시신이 썩지 않도록 심장을 제외한 나머지 장기들을 빼내어
방부 처리를 하고 붕대로 감아 '미라'를 만들었어.
시신을 씻고 기름을 바르고 특수한 약품을 처리해서
미라로 만들기까지 많은 시간과 노력, 그리고 돈이 들었대.

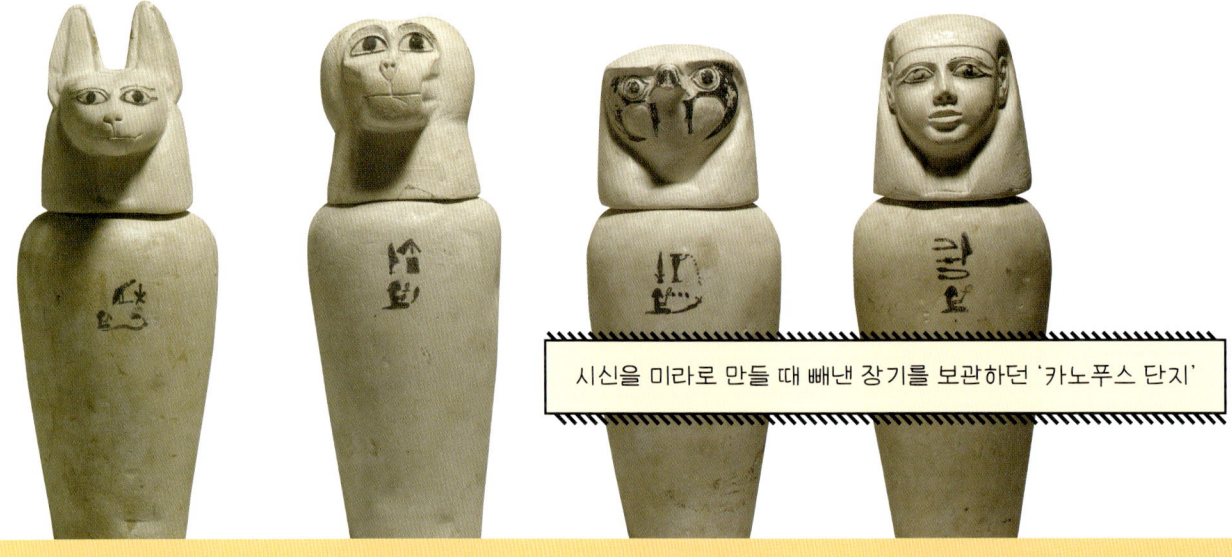

시신을 미라로 만들 때 빼낸 장기를 보관하던 '카노푸스 단지'

고대 이집트 사람들은 사람이 죽으면 신들의 법정으로 간다고 믿었어.
죽은 사람이 겪게 될 일에 대해 자세히 안내해 준 설명서가
'사자(死者)의 서'라는 그림이야. 죽은 사람이 가장 먼저 만나게 되는 신은
아누비스야. 아누비스는 사람의 몸에 자칼의 머리를 하고 있어.
이집트 사람들은 그 사람이 착하게 살았는지 나쁘게 살았는지가
심장에 남아 있다고 생각했어. 그래서 양팔 저울로 심장의 무게를 쟀지.
양심에 따라 착하게 살았으면 심장이 깃털보다 가벼워서 괴물로부터 벗어나고,
생명의 신인 오시리스를 만나서 죽음 이후의 새로운 세계로 갈 수 있어.
반대로 나쁘게 살았으면 심장이 무거워서 괴물에게 잡아먹힌대.
사자의 몸에 악어 머리를 하고 있는 괴물한테 말이야!
으스스하지? 정말이지 착하게 살아야겠네.

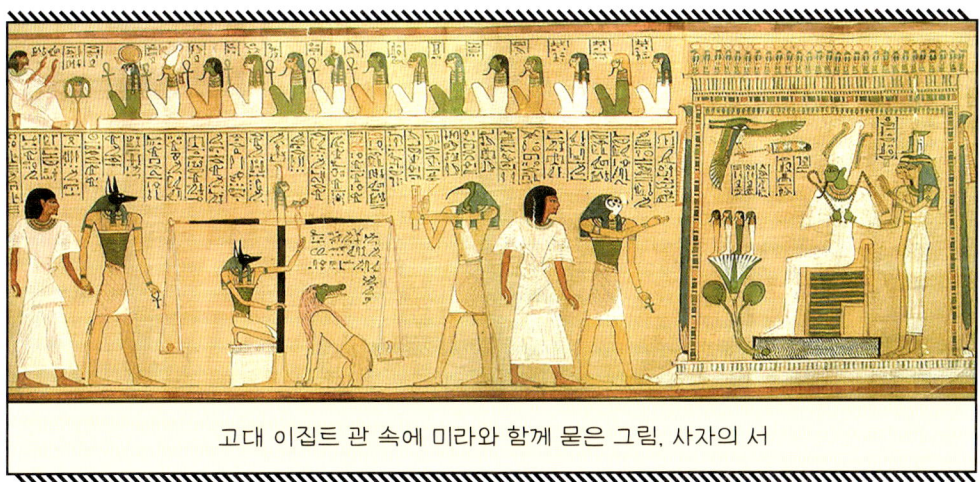

고대 이집트 관 속에 미라와 함께 묻은 그림, 사자의 서

글 박혜정

성균관대학교 역사교육과에서 공부했습니다. 중학교에서 역사를 가르치며 학생들과 세계사의 재미를 나누고 있습니다. 두 아이의 엄마로, 아이를 무릎에 앉혀 놓고 그림책을 읽어 주던 때가 인생에서 빛나던 시절 중 하나라 여기고 있습니다.

그림 이종균

대학에서 시각디자인을 공부하고, 광고 회사를 거쳐 케이블 만화 채널 투니버스에서 아트디렉터로 일했습니다. 그린 책으로 《당나귀는 당나귀답게》, 《하늘도깨비와 저절로 끓는 가마솥》, 《꿈꾸는 수렵도》, 《멸치 대왕의 꿈》, 《개가 남긴 한마디》 등이 있습니다.

나의 첫 세계사 1 — 깨어난 세계 고대 문명

1판 1쇄 발행일 2022년 10월 20일
1판 4쇄 발행일 2024년 4월 22일
글 박혜정 | **그림** 이종균 | **발행인** 김학원 | **편집** 박현혜 | **디자인** 박인규
저자·독자 서비스 humanist@humanistbooks.com | **용지** 화인페이퍼 | **인쇄** 삼조인쇄 | **제본** 다인바인텍
발행처 휴먼어린이 | **출판등록** 제313-2006-000161호(2006년 7월 31일) | **주소** (03991) 서울시 마포구 동교로23길 76(연남동)
전화 02-335-4422 | **팩스** 02-334-3427 | **홈페이지** www.humanistbooks.com
사진 출처 길가메시 점토판 ⓒ Osama Shukir Muhammed Amin FRCP(Glasg) / Wikimedia Commons / CC BY-SA 4.0

글 ⓒ 박혜정, 2022   그림 ⓒ 이종균, 2022
ISBN 978-89-6591-461-7 74900
ISBN 978-89-6591-460-0 74900(세트)

- 이 책은 저작권법에 따라 보호받는 저작물이므로 무단 전재와 무단 복제를 금합니다.
- 이 책의 전부 또는 일부를 이용하려면 반드시 저작권자와 휴먼어린이 출판사의 동의를 받아야 합니다.
- **사용연령 6세 이상** 종이에 베이거나 긁히지 않도록 조심하세요. 책 모서리가 날카로우니 던지거나 떨어뜨리지 마세요.